DIT BOEK IS VAN:

SCHRIJF JE NAAM MET WITTE INKT

SCHRIJF JE NA

SCHRIJF JE N

GW01607403

SCHRIJF JE NAA KSTEVOREN

SCHRIJF JE NAAM IN WAZIGE LETTERS

SCHRIJF JE NAAM IN GROTE LETTERS

ADRES

TELEFOONNUMMER

* OPMERKING: ALS JE DIT BOEK HEBT GEVONDEN, SLA HET DAN OP EEN WILLEKEURIGE PAGINA OPEN, VOLG DE INSTRUCTIES OP EN GEEF HET BOEK DAN TERUG AAN DE RECHTMATIGE EIGENAAR.

WRECK THIS JOURNAL EVERYWHERE

CREËREN IS VERNIETIGEN

KERI SMITH

SPECTRUM

OORSPRONKELIJKE TITEL: WRECK THIS JOURNAL EVERYWHERE
UITGEGEVEN DOOR: PENGUIN GROUP
© 2014 KERI SMITH
VERTALING: ELISABETH VAN BORSELEN

VEERTIENDE DRUK, 2022
OPMAAK: STUDIO VRIJDAG, UTRECHT

ISBN 978 90 00 34125 2
NUR 770
WWW.SPECTRUMLIFESTYLE.NL

© 2014 NEDERLANDSTALIGE UITGAVE: UITGEVERIJ UNIEBOEK | HET SPECTRUM BV, AMSTERDAM
THIS EDITION PUBLISHED BY ARRANGEMENT WITH PERIGEE, A MEMBER OF PENGUIN GROUP (USA) LLC, A PENGUIN RANDOM HOUSE COMPANY, THROUGH ULF TÖREGÅRD AGENCY AB

SPECTRUM MAAKT DEEL UIT VAN UITGEVERIJ UNIEBOEK | HET SPECTRUM BV

ALLE RECHTEN VOORBEHOUDEN. NIETS UIT DEZE UITGAVE MAG WORDEN VERVEELVOUDIGD, OPGESLAGEN IN EEN GEAUTOMATISEERD GEGEVENSBESTAND, OF OPENBAAR GEMAAKT, IN ENIGE VORM OF OP ENIGE WIJZE, HETZIJ ELEKTRONISCH, MECHANISCH, DOOR FOTOKOPIEËN, OPNAMEN, OF ENIGE ANDERE MANIER, ZONDER VOORAFGAANDE SCHRIFTELIJKE TOESTEMMING VAN DE UITGEVER.

VOOR ZOVER HET MAKEN VAN KOPIEËN UIT DEZE UITGAVE IS TOEGESTAAN OP GROND VAN ARTIKEL 16 AUTEURSWET 1912, JUNCTO HET BESLUIT VAN 20 JUNI 1974, STB. 351, ZOALS GEWIJZIGD BIJ HET BESLUIT VAN 23 AUGUSTUS 1985, STB 471 EN ARTIKEL 17 AUTEURSWET 1912, DIENT MEN DE DAARVOOR WETTELIJK VERSCHULDIGDE VERGOEDINGEN TE VOLDOEN AAN DE STICHTING REPRORECHT (POSTBUS 3060, 2130 KB HOOFDDORP).
VOOR HET OVERNEMEN VAN GEDEELTE(N) UIT DEZE UITGAVE IN BLOEMLEZINGEN, READERS EN ANDERE COMPILATIEWERKEN DIENT MEN ZICH TOT DE UITGEVER TE WENDEN.

WAARSCHUWING: ALS JE MET DIT BOEK AAN DE SLAG GAAT, WORD JE VIES. JE KUNT ONDER DE VERF OF ANDERE ROMMEL KOMEN TE ZITTEN. JE WORDT NAT. ER KUNNEN DINGEN VAN JE WORDEN GEVRAAGD WAAR JE JE TWIJFELS BIJ HEBT. MISSCHIEN VERLANG JE TERUG NAAR DE PERFECTE STAAT WAARIN JE DIT BOEK HEBT GEVONDEN. MISSCHIEN WIL JE INEENS VAN ALLES GAAN VERNIETIGEN. MISSCHIEN GA JE WEL ROEKELOZER LEVEN.

BESTE LEZER / GEBRUIKER,

DEZE VERSIE VAN <u>WRECK THIS JOURNAL</u> IS GEMAAKT OM MEE NAAR BUITEN TE NEMEN. (VANDAAR HET HANDZAME FORMAAT.)

HET HEEFT WAT NIEUWE AANWIJZINGEN DIE SPECIAAL VOOR BUITEN ZIJN, MAAR ER ZITTEN OOK EEN AANTAL VAN JE OUDE FAVORIETEN IN.

DUS STOP MET LEZEN EN GA NAAR BUITEN! TIJD OM AAN EEN NIEUW AVONTUUR TE BEGINNEN.

VEEL WRECK-PLEZIER.

MET VRIENDELIJKE GROET,

KERI SMITH

INSTRUCTIES

1. neem dit boek overal mee naartoe.
2. voer de instructies op elke pagina uit.
3. de volgorde is niet belangrijk.
4. de instructies kun je op je eigen manier interpreteren.
5. experimenteer.
(WIJK AF VAN JE GEBRUIKELIJKE AANPAK.)

materialen

ideeën
kauwgom
lijm
modder
speeksel
water
weer
rommel
planten
potlood/pen
naald & draad
postzegels
stickers
kleverige dingen
stokjes
lepels
kam
vuilniszaksluitstrips
inkt
verf
gras
afwasmiddel
vet
tranen
krijtjes
geuren
handen
touw
bal
onvoorspelbaarheid
spontane invallen
foto's
krant
witte dingen
kantoorspullen
was
gevonden voorwerpen
nietmachine
eten
thee/koffie
emoties
angsten
schoenen
lucifers
dingen uit de natuur
schaar
plakband
tijd
toeval
vindingrijkheid
scherpe dingen

VOEG JE EIGEN PAGINA-NUMMERS TOE.

BEDENK
EEN MANIER
WAAROP JE
DIT BOEK
OVERAL MEE
NAARTOE
KUNT
NEMEN.

NEEM EEN SERVET
MEE UIT EEN
RESTAURANT.
SCHRIJF ER EEN GEHEIM
OP. PLAK HET HIER OP.

TEKEN EEN POOT-AFDRUK ELKE KEER DAT JE EEN VOGEL ZIET.

KIES JE EIGEN

WRECK-METHODE

HANDTEKENING DATUM

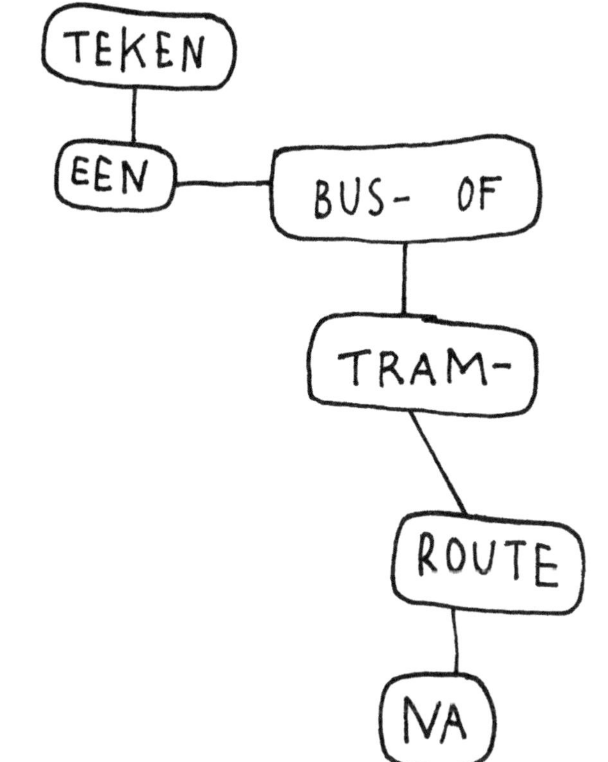
TEKEN
EEN
BUS- OF
TRAM-
ROUTE
NA

VERSTOP
STUKJES VAN
DEZE PAGINA
TERWIJL JE
ONDERWEG BENT.

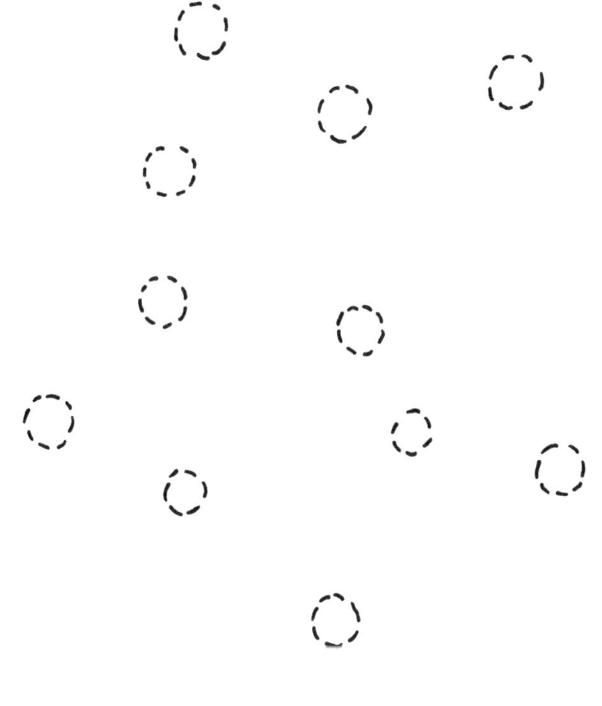

PRIK GAATJES IN DEZE PAGINA MET IETS WAT JE ONDER-WEG VINDT.

LAAT DEZE PAGINA DRIJVEN.

KIES JE EIGEN

WRECK-METHODE ↑

HANDTEKENING DATUM

GEBRUIK DEZE RUIMTE ALS JE BUITEN AAN HET DAGDROMEN BENT.

TEKEN IETS WAT AFHANKELIJK IS VAN DE STAND VAN DE

	VOLLE MAAN	TEKEN IETS WAT BOVEN JE IS.
	WASSENDE MAAN	TEKEN IETS WAT LINKS VAN JE IS.
	AFNEMENDE MAAN	TEKEN IETS WAT RECHTS VAN JE IS.

wrijf hier met smurrie.

BEDEK DEZE PAGINA MET VREEMDE DINGEN DIE JE HEBT GEVONDEN.

TEKEN
HIER

IETS MET
PEN.

GA NAAR BUITEN
ALS HET REGENT
OF SNEEUWT. LAAT
HET NAT WORDEN.

VERZAMEL HIER CIJFERS

DIE JE OM JE HEEN ZIET.

composteer deze pagina.

kijk hoe hij vergaat.

KIES JE EIGEN

WRECK-METHODE ↑

HANDTEKENING DATUM

LEG HET
VERSTRIJKEN
VAN DE
TIJD VAST
IN EEN NIEUWE
OMGEVING.

VERSTOP DEZE PAGINA
IN IEMANDS JASZAK
OF TAS MET EEN
BERICHTJE EROP.

KLIM
ZO HOOG
JE KUNT.
LAAT
HET BOEK
VALLEN.

VIND BINNEN
VIJF MINUTEN
EEN STUK
KARTON.
PLAK HET
HIER OP.

SCHRIJF BRIEFJES.

SCHEUR ZE UIT EN LAAT ZE (IN HET OPENBAAR) VOOR ANDEREN ACHTER.

SCHRIJF ALLE

STRAATNAMEN

BIJ JOU IN DE
BUURT OP.

BIND EEN TOUWTJE AAN HET BOEK.

GA WANDELEN EN 'LAAT HET UIT'.

LAAT DEZE PAGINA DOOR IEMAND STEMPELEN. (HINT: GA LANGS BIJ HET POSTKANTOOR.)

KIES JE EIGEN

WRECK-METHODE ↑

HANDTEKENING DATUM

BE-
DEK

PAGINA

DEZE

MET

CIRKELS

DIE

JE

HEBT

GE-
VON-
DEN

trek lijnen

BUS OF TREIN ZIT,

ERWIJL JE IN EEN RIJDENDE

OF TIJDENS HET LOPEN.

LAAT HIER MODDER VALLEN. DOE HET NOG EENS.

RUIL DE HELFT VAN
DEZE PAGINA VOOR EEN PEN.
SCHRIJF ER
HIER MEE.

GA WANDELEN. TEKEN HIER HOE JE HEBT GELOPEN.

voeg een geur
naar keuze
aan deze pagina toe.

LEG DEZE PAGINA MET DE BEDRUKTE KANT OP DE GROND EN SCHOP HEM EEN TIJDJE IN HET ROND.

KIES JE EIGEN

WRECK-METHODE

HANDTEKENING DATUM

PLAK *hier*

kleverige DINGEN.

(honing, kauwgum, stroop, lijm, suiker, zuurtjes)

VERZAMEL
TIEN PIEPKLEINE
DINGEN EN PLAK ZE HIER
OP TERWIJL JE DOET WAT JE
ALTIJD DOET.

BEDEK DEZE PAGINA

EN GEBRUIK DAARBIJ ALLEEN
DINGEN DIE JE IN DE NATUUR VINDT.

TEKEN DE OMTREK VAN DINGEN UIT DE NATUUR. LAAT DE LIJNEN OVERLAPPEN.

PLET IETS
KLEURRIJKS
OP DEZE PAGINA
EN SMEER HET
UIT.

BEDEK DEZE
PAGINA MET
TOUWTJES DIE JE
HEBT GEVONDEN.

TERWIJL JE BUITEN EEN WANDELING MAAKT, SCHUUR JE MET DIT BOEK LANGS VERSCHILLENDE OPPERVLAKTES.

KIES JE EIGEN

WRECK-

METHODE ↑

HANDTEKENING DATUM

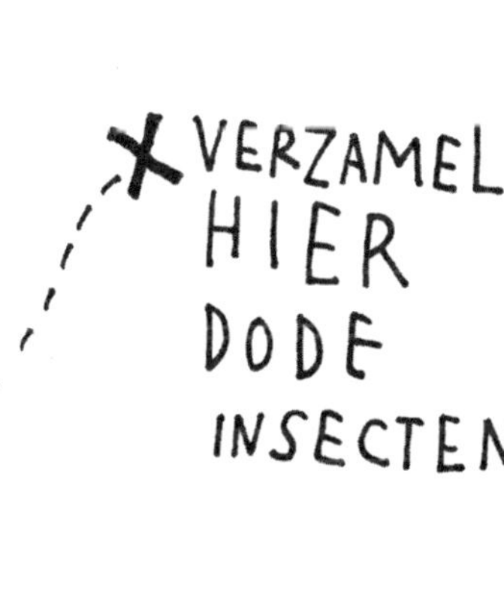
VERZAMEL
HIER
DODE
INSECTEN.

VUL DE HELE PAGINA MET WOORDEN
DIE JE ZIET TIJDENS JE AVONTUREN.

* GEBRUIK HIER VOORWERPEN VOOR DIE JE HEBT GEVONDEN.

DEZE PAGINA IS
WERK IN UITVOERING.

(VOEG IETS TOE
VAN ALLE PLEKKEN
WAAR JE DIE
DAG KOMT.)

LAAT DIT BOEK VAN EEN GROTE HEUVEL ROLLEN.

BEDEK DEZE PAGINA MET PIEPKLEINE GEDACHTEN DIE OVERAL VANDAAN KOMEN.

MAAK AFDRUKKEN MET BLADEREN.

ZOEK EEN GROEN BLAD.
ZOEK EEN STEEN.
DRAAI DE PAGINA OM.
SLA MET DE STEEN
OP DE PLEK WAAR HET
BLAD LIGT.

BEDENK EEN MANIER WAAROP JE DIT BOEK KUNT AAN-TREKKEN.

KIES JE EIGEN

WRECK-METHODE ↑

HANDTEKENING DATUM

HANG DEZE PAGINA ERAAN OP.

MAAK EEN WANDELING. GA DAN HIEROP STAAN.

(VEEG JE VOETEN AF, SPRING OP EN NEER.)

HANG HET BOEK OP IN EEN OPENBARE PLEK.
VRAAG MENSEN HIER IETS TE TEKENEN.

GEBRUIK DEZE RUIMTE VOOR DE GRASSPRIETEN DIE JE VINDT.

VERZAMEL namen, HAND-TEKENINGEN, OF DROMEN VAN ANDERE MENSEN.

KIES JE EIGEN

WRECK-
METHODE

HANDTEKENING DATUM

MAAK EEN LIJST
VAN ALLES WAT
JE OM JE HEEN
ZIET TERWIJL JE
OP IETS OF IEMAND
WACHT (ETEN,
VLIEGTUIG,
EEN VRIEND).

DOOP DEZE PAGINA IN DRIE VERSCHILLENDE SUBSTANTIES OP DRIE VERSCHILLENDE PLEKKEN.

KNIP DEZE BUTTONS UIT.
LAAT ZE ACHTER OP EEN
OPENBARE PLEK ZODAT ANDERE
MENSEN ZE KUNNEN WRECKEN.

DEZE PAGINA IS VOOR **HAND-**
OF VINGERAFDRUKKEN.
MAAK ZE VIES EN DRUK ZE DAN OP
DEZE PAGINA.

KIES JE EIGEN

WRECK-METHODE ↑

HANDTEKENING DATUM

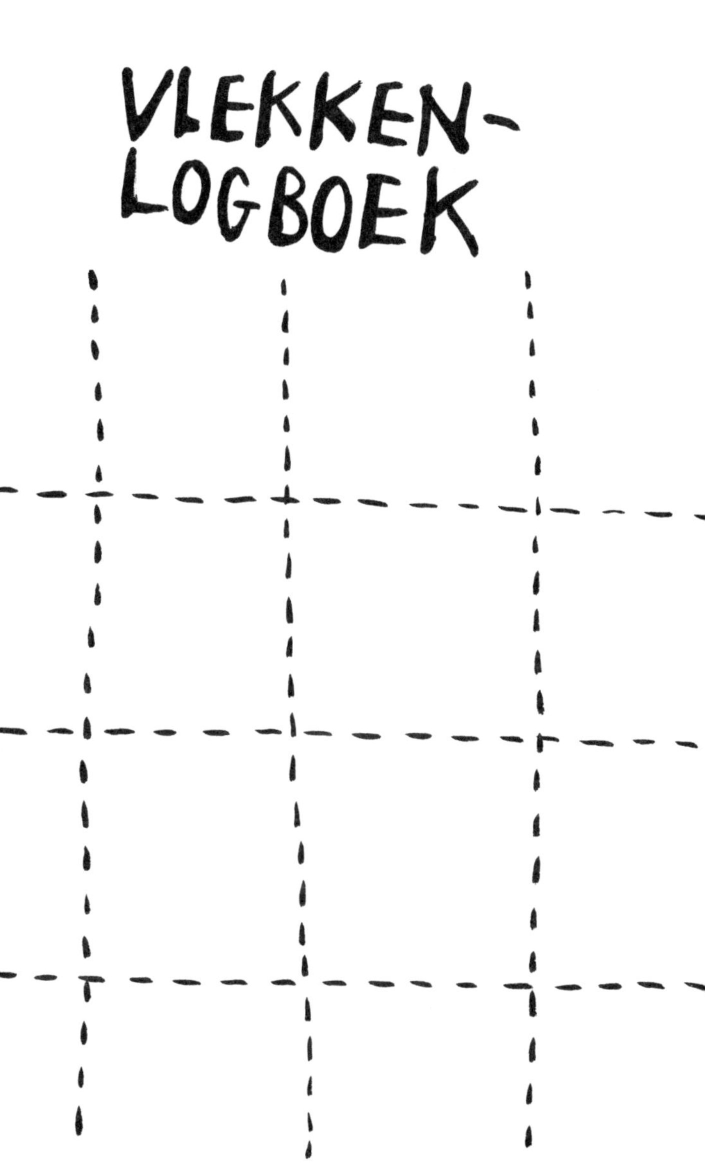
VLEKKEN-
LOGBOEK

WRECK-LOCATIE-LOGBOEK

TEKEN EEN KAART EN LEG VAST WAAR JE HEBT GEWRECKT.

DANKWOORD

DIT BOEK IS GEMAAKT MET HULP VAN DE VOLGENDE MENSEN: JEFFERSON PITCHER, STEVE LAMBERT, CYNTHIA YARDLEY, MEG LEDER, FAITH HAMLIN, CORITA KENT, JOHN CAGE, ROSS MENDES, BRENDA UELAND, BRUNA MUNARI, CHARLES EN RAE EAMES EN GEORGES PEREC.

OPGEDRAGEN AAN PERFECTIONISTEN OVERAL TER WERELD.

KERI SMITH IS EEN GEHEIM AGENT VOOR EEN GEHEIME ONDERGRONDSE ORGANISATIE. ZE HEEFT ALS MISSIE OM HET LEVEN VAN ALLEDAG MET EEN FRISSE BLIK TE ZIEN EN TE TWIJFELEN AAN BESTAANDE SITUATIES. ZE BRENGT HAAR TIJD DOOR MET HET UITVOEREN VAN HAAR 'ONDERZOEK' HOOG IN EEN BOOM. VAN DAARUIT NEEMT ZE DE WERELD WAAR EN MAAKT ZE GEDETAILLEERD AANTEKENINGEN. ZE GEBRUIKT HAAR VONDSTEN OM BOEKEN EN CONCEPTUELE KUNSTWERKEN TE MAKEN. JE KUNT EEN DEEL VAN HAAR ONDERZOEK VINDEN OP WWW.KERISMITH.COM

WHERE WILL YOU WRECK?
#WRECKEVERYWHERE

OOK VAN KERI SMITH

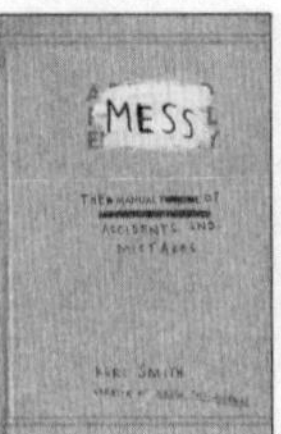

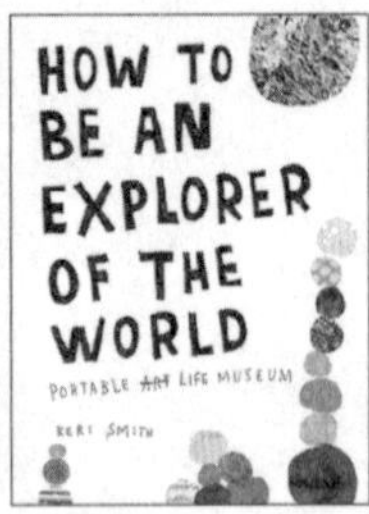

BEKIJK DEZE
KERI SMITH APPS!

KERISMITH.COM
KERISMITHBOOKS.TUMBLR.COM
TWITTER.COM/WRECKTHISTWIT

SPECTRUM